Mir ist langweilig!

Kinderleichte Bastelideen für drinnen

Text von Ryan Eyers
Illustriert von Rachel Victoria Hillis
Übersetzt von Frederik Kugler

KLEINE
GESTALTEN

Mir ist langweilig!

Die Welt ist dein Spielplatz! Wenn diese Welt mal nur aus vier Wänden besteht, ist es an der Zeit, kreativ zu werden. Dabei hilft dir dieses Buch, denn es ist vollgepackt mit Inspiration und Ideen für Spiele, Verkleidungen, Geschenke und besondere Bastelprojekte. Verkleide dich nach Lust und Laune, lade deine Freunde in dein selbst gebautes Haus oder deine Höhle ein oder überrasche deine Familie mit einem Theaterabend.

Für jede Anleitung in diesem Buch brauchst du nur wenige Materialien, die du bestimmt zu Hause hast. Schnapp dir einfach eine Schere, Stifte, Papier und Dekomaterial – und schon kann's losgehen! Kartons, Decken und Gläser können ebenfalls sehr nützlich sein und dich in andere Dimensionen transportieren oder dir dabei helfen, wunderschöne Geschenke zu basteln. Wenn du also das nächste Mal so gar keine Lust darauf hast, drinnen zu bleiben, dann nimm dir dieses Buch aus dem Regal. Eins ist sicher: Langweilig wird dir jetzt bestimmt nicht mehr!

Magische Masken

Ob Katze, Fuchs oder Alien: Hast du dir schon mal gewünscht, ganz anders auszusehen? Eine andere Person oder sogar ein anderes Wesen zu sein? Du brauchst dafür nur einen Pappteller und bunte Farben – schon kann der Spaß losgehen!

1   Zeichne mit dem Bleistift die Umrisse und Augenlöcher deiner Maske auf die Rückseite des Papptellers. Wähle ein menschliches Gesicht, das eines Tieres (etwa eines Fuchses oder einer Katze) oder ein verrücktes, selbst erfundenes Gesicht.

2   Drücke einen spitzen Bleistift durch die aufgezeichneten Augenlöcher. Schneide erst mit der Schere die Augenformen aus und dann entlang der Umrisslinien deiner Maske.

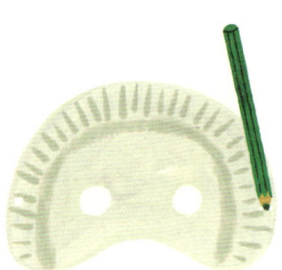

3   Drücke mit dem Bleistift zwei kleinere Löcher in die Ränder deiner Maske.

4   Knote die Enden des Gummibands an den Löchern fest und achte darauf, dass das Band um deinen Kopf passt.

5 Bemale jetzt deine Maske: Wähle zum Beispiel eine Farbe als Grundfarbe und eine andere für die Details. Du kannst auch die Augenlöcher mit den Acrylfarben umranden und Ohren oder eine Nase ankleben, die du vorher aus den Resten des Papptellers ausgeschnitten hast.

Tipp!

Statt Gummiband kannst du auch ein Holzstäbchen mit Klebeband an deiner Maske befestigen und die Maske damit vor dein Gesicht halten.

Wilde Kartontiere

Stell dir eine eigene Kartontier-Gang zusammen, die mit dir Streiche ausheckt. Gehe mit Wildtieren, Raubkatzen, gefährlichen Dinosauriern oder furchterregenden Spinnen auf Achse. Wer wird Teil deiner Gang?

1 Zeichne erst den Kopf, Rumpf und Schwanz deines Tieres und danach die Beine auf den Karton oder die Pappe. Schneide alle Teile mit der Schere aus.

2 Schneide einen kleinen Schlitz in die Stellen, an denen du die Beine anbringen möchtest, und einen entsprechenden Schlitz in jedes Beinteil. Klebe den Schwanz, falls vorhanden, an den Körper.

3 Bemale alle Teile deines Kartontiers. Wenn die Farbe getrocknet ist, kannst du mit den Filzstiften weitere Merkmale wie Augen, Zähne, Punkte, Streifen oder Schuppen hinzufügen.

4 Setze dein Tier zusammen, indem du die Bein- und Armschlitze in die entsprechenden Rumpfschlitze schiebst.

Tipp!

Hast du Lust auf eine große Gang? Bastle eine Gruppe von Dschungeltieren und lass sie zwischen Pflanzen und Regalen Verstecken spielen.

Aus Steinen werden Freunde

Stöbere draußen nach verborgenen Schätzen und verpasse ihnen zu Hause ein neues Gesicht. Mit dieser Anleitung verwandelst du selbst einen ganz gewöhnlichen Stein in einen glamourösen Gefährten.

Du brauchst

- Steine in verschiedenen Größen, Zapfen und Nüsse
- Acrylfarben und Pinsel
- Bastelkleber (oder eine Klebepistole)
- Bastelbedarf (Wackelaugen, Pfeifenputzer oder bunte Federn)
- Sicherheitsnadeln (optional)

1 Sammle im Park, im Wald oder in der Nähe deines Hauses Dinge, die du bemalen möchtest. Achte darauf, dass sie verschiedene Formen und Größen haben, damit du mehr Möglichkeiten beim Gestalten hast.

2 Säubere die Objekte mit einer trockenen Bürste oder mit warmem Seifenwasser und lass sie komplett trocknen, bevor du weitermachst.

3 Gestalte nun deine gefundenen Objekte. Mit ein bisschen Farbe werden daraus Monster, Insekten, Vögel und vieles mehr.

4 Füge mit Bastelkleber oder einer Klebepistole (bitte in diesem Fall einen Erwachsenen um Hilfe) Extras wie Wackelaugen, Federn oder Fühler aus Pfeifenputzern hinzu.

Tipp!

Präsentiere deine Sammlung in einem Setzkasten oder befestige mit der Klebepistole Sicherheitsnadeln an den Rückseiten kleinerer Steine – schon hast du Anstecker.

9

Eine bunte Collage

Das Schöne an einer Collage ist, dass dir keine Grenzen gesetzt sind: Schneide Bilder aus Zeitschriften und Zeitungen aus und suche im Haus nach ein paar „Spezialeffekten", um den Bildern dann mit deinen einzigartigen Kompositionen (und ein wenig Kleber) neues Leben einzuhauchen.

Du brauchst

- Wasser- oder Acrylfarben und Pinsel
- Filzstifte
- bunte Pappe und Papier
- eine Schere
- aus Zeitschriften oder Zeitungen ausgeschnittene Bilder
- einen Klebestift
- ein großes Stück Karton
- Dekomaterial (optional)

1 Bereite die Elemente für deine Collage vor: Male mit Wasser- oder Acrylfarben verschiedene Muster auf die Pappe und das Papier, oder male das Papier mit bunten Filzstiften an.

2 Zerschneide und zerreiße die Pappe und das Papier in verschiedene Formen und Größen – je unterschiedlicher, desto besser.

3 Überlege dir ein Bild, indem du die Papp- und Papierelemente und die ausgeschnittenen Bilder kombinierst. Mach ein Foto, wenn du mit deiner Komposition zufrieden bist.

4 Klebe die Elemente wie auf dem Foto auf deinen Karton – fertig!

Tipp!

Für mehr Struktur kannst du Knöpfe, bunte Watteballchen, Stoff oder getrocknete Blumen hinzufügen.

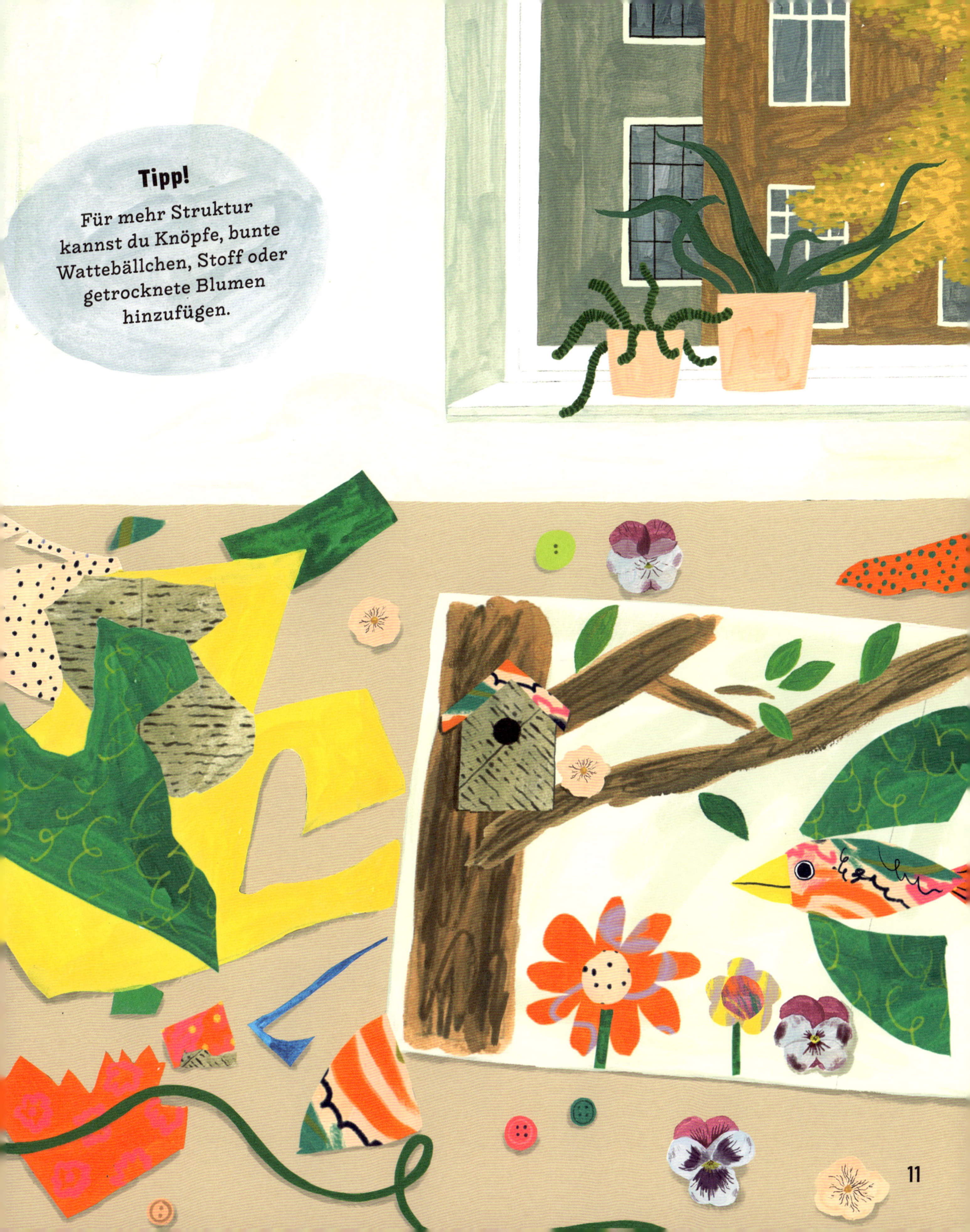

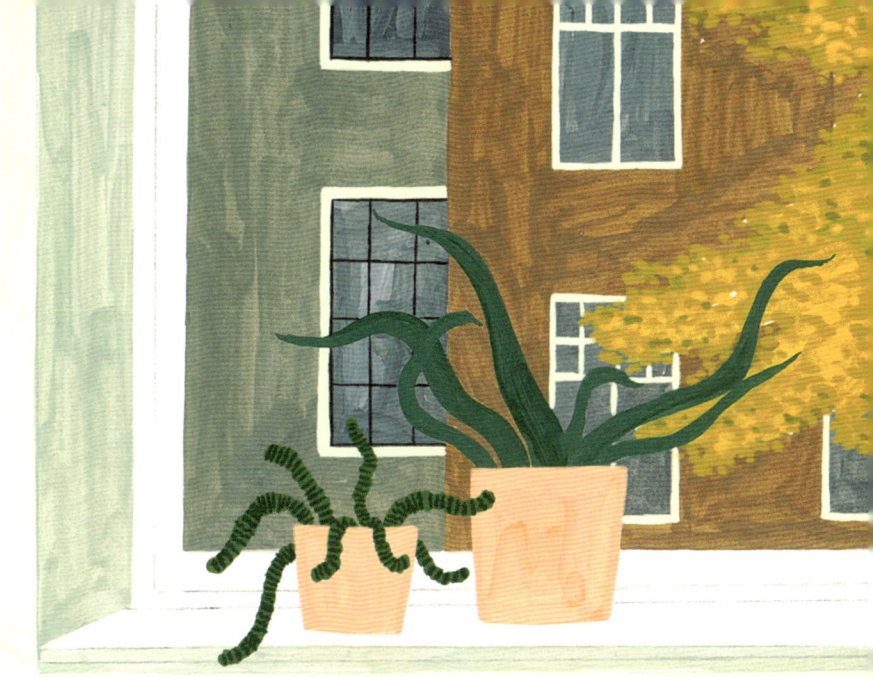

Natur an der Schnur

Wenn du gern Dinge sammelst, wirst du vor deiner Haustür im Handumdrehen viele schöne Stöcke, Blätter und Steine finden. Arrangiere deine Beute mit ein wenig Schnur zu einem Mobile, das du überall aufhängen kannst, wo du ein bisschen Natur gebrauchen kannst.

1 Begib dich draußen auf Beutezug: Suche erst ein paar stabile Stöcke für den Rahmen deines Mobiles und dann alles, was du daran aufhängen möchtest: bunte Blätter, kleine Blumen, Nüsse, Federn, leere Schneckenhäuser, kleinere Zweige und mehr.

2 Binde für den Rahmen deines Mobiles ein Stück Schnur um die Mitte des einen Stocks. Die Schnur sollte so lang sein, dass du dein Mobile daran aufhängen kannst, wenn es fertig ist.

3 Binde den anderen Stock mit einem weiteren Stück Schnur so an den ersten Stock, dass sie ein Kreuz bilden. Wahrscheinlich wirst du ein paar Anläufe brauchen, um die perfekte Balance zu finden.

4 Binde nun jeweils ein Stück Schnur um deine Fundstücke und befestige sie an den Stöcken. Achte darauf, dass das Gewicht gleichmäßig verteilt ist, damit dein Mobile gerade hängt.

Tipp!

Für eine einfachere Version des Mobiles kannst du deine Fundstücke auch nur an einem einzelnen Stock festbinden.

Tipp!

Bemale einzelne Fundstücke in knalligen Acrylfarben – aber lass sie vor dem Aufhängen gut trocknen.

Ein gewebtes Kunstwerk

Früher wurden viele Textilien per Hand an Webstühlen hergestellt. Mit diesem einfachen Webrahmen kannst du dir selbst ein Bild weben, indem du die schönsten Woll- oder Stoffreste verwendest, die du zu Hause finden kannst.

Du brauchst

- einen Holzbilderrahmen (DIN A5)
- 3 bis 4 m Schnur
- Washi-Tape
- dicke Wolle und Stoffstreifen in verschiedenen Farben

1 Lass dir bei der Herstellung deines Webrahmens von einem Erwachsenen helfen. Entferne das Glas und die Rückseite aus dem Holzrahmen des DIN-A5-Bilderrahmens.

2 Befestige ein Ende deiner Schnur mit einem Doppelknoten an der linken oberen Kante des Rahmens.

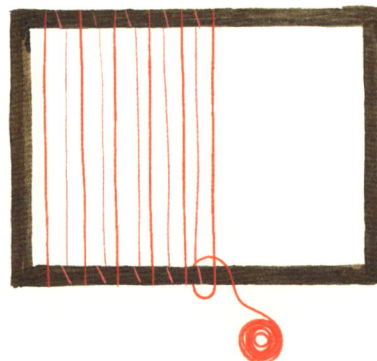

3 Führe die Schnur straff nach unten und wickle sie einmal schräg um die Unterkante des Rahmens, sodass ein Abstand von etwa 1 cm entsteht. Klebe die Schlinge mit dem Washi-Tape am Rahmen fest, damit sie beim Weiterweben nicht verrutscht.

4 Führe die Schnur auf der Rückseite nach oben und wickle sie um die Oberkante. Wiederhole diese Schritte bis zur anderen Seite des Rahmens (vergiss nicht, jede Schlinge am Rahmen festzukleben). Fixiere die letzte Schlinge wie in Schritt 2 mit einem Doppelknoten.

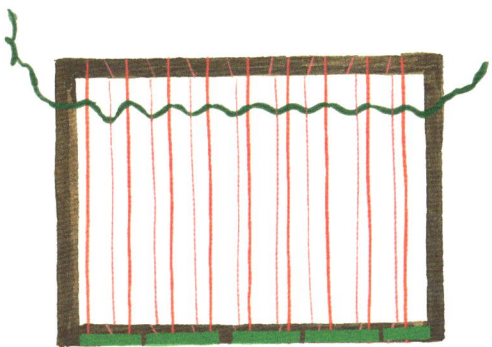

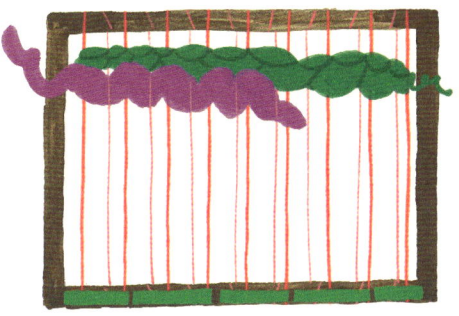

5 Beginne nun mit deinen Woll- und Stoffresten zu weben. Knote ein Ende an den Strang ganz links in deinem Webrahmen und webe über und unter den Strängen hindurch bis zur anderen Seite. Webe so oft mit einer Farbe hin und her, wie du möchtest.

6 Wenn du die Farbe wechseln möchtest, kannst du den Wollfaden oder Stoffrest an einem der Stränge festbinden. Knote nun den neuen Wollfaden oder Stoffrest fest und fahre fort.

7 Wenn du fertig bist, kannst du das Washi-Tape vorsichtig entfernen und dein Kunstwerk an die Wand hängen.

Dein eigenes Buch

Absolut jeder kann Geschichten erzählen. Bastle ein
Miniaturbuch aus wenigen Blatt Papier und erzähle
deine Geschichte – du kannst sie aufschreiben,
als Comic oder in einer Reihe von Bildern erzählen.

1 Nimm drei Blatt Papier – oder fünf,
wenn du eine lange Geschichte
erzählen möchtest – und falte sie
in der Mitte.

2 Falte sie wieder auf und lege sie aufeinander.
Falte sie nun alle zusammen wieder in
der Mitte.

3 Tacker die gefalteten Blätter links
entlang der Faltkante zusammen –
wie bei einem Heft.

4 Jetzt ist es an der Zeit für deine
Geschichte: Fang mit dem Titel an
und male oder zeichne dein Cover.

5 Schreibe nun die Geschichte in das Buch oder male oder zeichne sie auf. Das A und O einer guten Geschichte sind lustige Figuren, ein interessanter Schauplatz und eine spannende Handlung.

Tipp!

Sollte dir nichts einfallen, kannst du eine Geschichte mit deinem Haustier oder deiner besten Freundin als Hauptfigur erfinden und sie auf eine Reise schicken, die sie nie vergessen werden.

Aus Alt mach Neu

Kennst du das Gefühl, dich nicht von geliebten Dingen trennen zu können? Zum Beispiel von einem alten T-Shirt, das einfach nicht mehr passt? Keine Angst: Du kannst es behalten, indem du es in ein gemütliches Kissen verwandelst – ganz ohne Nadel und Faden.

1 Breite dein T-Shirt auf einer glatten Fläche aus und schneide mit der Schere das Motiv in einem Quadrat aus. Schneide gleichzeitig durch beide Lagen.

2 Drehe die obere Lage um, sodass das Motiv nach unten schaut. Lass die Lagen übereinander liegen und schneide 4 × 4 cm kleine Quadrate aus den Ecken des großen Quadrats.

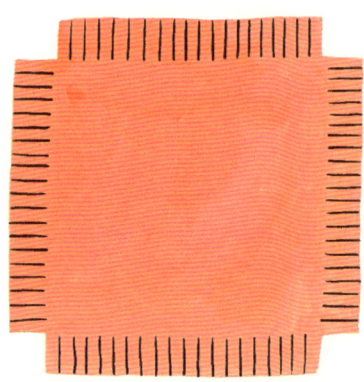

3 Schneide in beide Lagen etwa 4 cm lange parallele Streifen mit einem Abstand von je 2 cm.

4 Verknote nun die übereinanderliegenden Streifen der oberen und der unteren Lage an drei Seiten mit Doppelknoten. Lass eine Seite offen.

5 Drehe dein Kissen vorsichtig zurück nach außen, sodass die verknoteten Streifen innen sind.

6 Fülle dein Kissen nun mit den Stoffresten.

7 Verknote die Streifen der noch offenen Kissenseite und stopfe die Knoten nach innen. Voilà: Dein Lieblings-T-Shirt kann bei dir bleiben und ist gemütlicher als jemals zuvor.

Tipp!

Wenn du keine Stoffreste hast, kannst du auch Zeitungspapier für die Füllung deines Kissens nehmen.

Ein Karton als Haus

Klingeling – die Post ist da! Für deine Eltern ist die Verpackung nur ein riesiger, sperriger Karton, aber du könntest daraus ein Haus bauen, das aussieht wie das, in dem du wohnst. Oder den Karton in ein Schloss, eine Burg oder ein Versteck für dich und deine Freunde verwandeln – je größer der Karton, desto besser.

1 Schneide die Klappen der Unterseite deines Kartons ab und lege sie für später zur Seite. Stell die Unterseite des Kartons auf den Boden.

2 Bau jetzt das Dach: Öffne die oberen Klappen deines Kartons und falte die kurzen Seiten der kürzeren Klappen nach innen, sodass sie jeweils ein Dreieck bilden. Klappe nun die längeren Klappen wieder hoch und lege sie auf die Dreiecke.

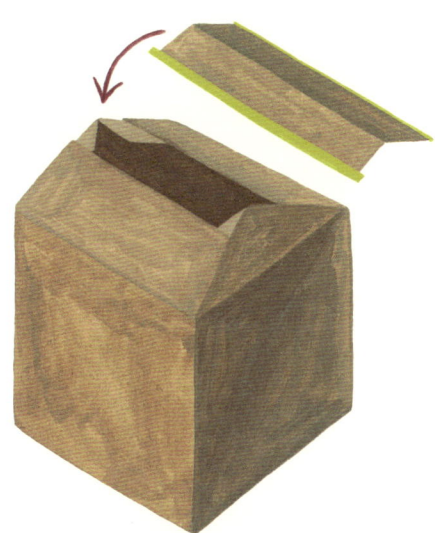

3 Nimm für das fehlende Dachstück eine der längeren Klappen, die du von der Unterseite abgeschnitten hast, und falte sie der Länge nach. Lege sie auf die Lücke zwischen den Dreiecken und klebe sie mit dem Paketband an den Kanten fest.

4 Schneide Fenster und eine Tür in die Wände. Hierfür brauchst du wahrscheinlich die Hilfe eines Erwachsenen, da Karton ziemlich fest ist – wie und wo geschnitten werden soll, bestimmst aber du.

5 Dekoriere dein Haus: Umrande Türen und Fenster mit buntem Washi-Tape und bemale die Innen- und Außenwände mit den Acrylfarben, Markern und Wachsmalstiften.

Tipp!
Verwende etwas von der übrig gebliebenen Pappe, um weitere Gegenstände für dein Haus zu basteln, zum Beispiel einen Briefkasten, einen Schornstein oder einen Blumenkasten.

Deine eigene Spielstraße

Mit diesen Häuserfronten kannst du deine eigene Straße bauen und darin spielen, so viel du willst. Wer lebt hinter jeder Tür? Wer ist mit wem befreundet? Was erleben die Bewohner? In deiner Spielstraße warten zahllose Geschichten darauf, von dir erzählt zu werden.

Du brauchst

- einen Bleistift
- Kartonreste
- eine Schere
- Bastelkleber
- Acrylfarben und Pinsel
- bunte Marker
- Washi-Tape (optional)

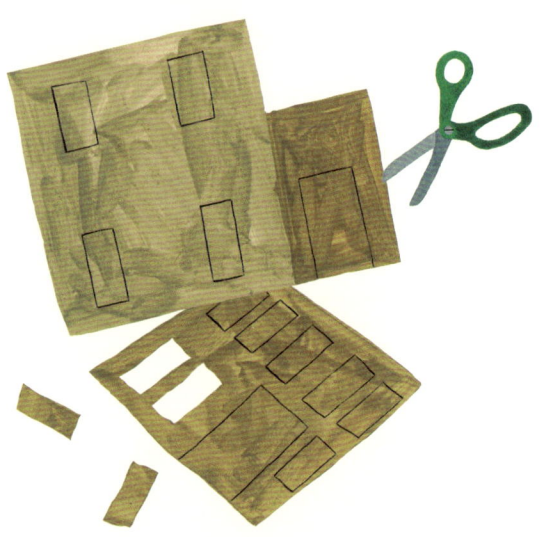

1 Zeichne verschiedene Gebäude auf die Kartonreste. Schneide diese und Gebäudeteile wie Dächer, Schornsteine, Türen oder Fensterläden aus.

2 Klebe die extra Teile an die Gebäude.

3 Jetzt streichen wir die Fassaden: Bemale deine Häuser mit Acrylfarben und Markern.

4 Bau nun deine Straße: Stell die Gebäude dafür entlang der Wand im Hausflur oder in einer Ecke im Zimmer auf oder verteile sie über mehrere Räume.

Schatten auf dem Sprung

Sei alles auf einmal – Schauspieler, Autor, Regisseur und sogar Bühnenbildner. Erschaffe die Figuren und Kulissen für dein eigenes Theater und präsentiere dein Schattenspiel deinen Freunden und deiner Familie.

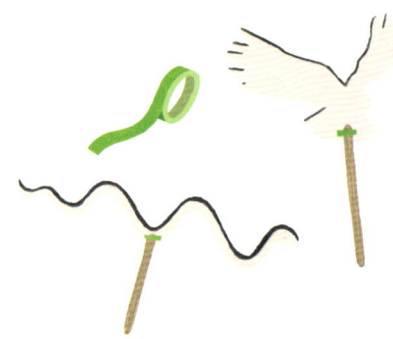

1 Zeichne deine Figuren und Requisiten auf das weiße Papier: keine Details, nur die Umrisse.

2 Klebe die Elemente auf die schwarze Pappe und schneide sie vorsichtig aus. Das sind deine Schattenfiguren.

3 Befestige ein Holzstäbchen oder einen Strohhalm mit Klebeband an der weißen Seite jedes Elements.

4 Klebe die Klappen des Kartons mit breitem Klebeband zu. Schneide ein Rechteck in die langen Seiten deines Kartons. Achte auf einen etwa 2 cm breiten Rand zur Kante.

5 Schneide ein Blatt weißes Papier auf die Größe des Kartons zu. Klebe es mit Klebeband an einer Seite innen in den Karton auf den 2 cm breiten Rand.

6 Aus der schwarzen Pappe kannst du dir einen Hintergrund für deine Bühne zuschneiden, zum Beispiel Bäume, Gebäude oder Wolken. Klebe die Elemente auf die weiße Leinwand im Karton.

7 Stell eine Lampe so auf, dass sie die Leinwand von hinten beleuchtet, mach alle anderen Lichter aus und los geht's! Nimm deine Figuren, die du in Schritt 1 und 3 erstellt hast, und führe dein Meisterwerk auf.

Tipp!

Stell dein Schattentheater auf einen Tisch, an dem du stehen kannst — so kannst du die Figuren leichter bewegen.

Winziges Winterwunderland

Bastle eine magische Welt, in der es immer schneit. Dieses Winterwunderland ist das perfekte Geschenk für Menschen, die am liebsten das ganze Jahr lang im Winter leben würden.

Du brauchst

- ein Einmachglas mit Schraubdeckel
- eine Klebepistole
- Plastikfiguren (kleine Tiere, Legofiguren usw.)
- Wasser
- Glitzer
- Spülmittel
- Bade- oder Lebensmittelfarben (optional)

1 Wasche das Glas und den Deckel mit warmem Seifenwasser, um Etiketten, Aufkleber, Staub und sonstige Reste zu entfernen.

2 Lege den Deckel mit der Oberseite nach unten hin. Befestige die Figuren mit der Hilfe eines Erwachsenen mit der Klebepistole vorsichtig auf der Innenseite des Deckels.

3 Fülle das Glas mit so viel Wasser, dass 2,5 cm bis zum oberen Glasrand leer bleiben.

4 Füge einen Esslöffel Glitzer und zwei Teelöffel Spülmittel hinzu und vermische alles. Das Spülmittel sorgt dafür, dass der Glitzer nicht zusammenklebt.

5 Tauch nun vorsichtig deine am Deckel befestigten Figuren in die Mischung. Schraube den Deckel mit der Hilfe eines Erwachsenen fest zu, drehe das Glas um, schüttle es und sieh zu, wie der glitzernde Schnee vor deinen Augen herumwirbelt.

Tipp!
Du kannst das Wasser mit Bade- oder Lebensmittelfarben einfärben, um noch mehr Stimmung in deiner Miniaturwelt zu erzeugen.

Eine krabbelnde Girlande

Sie trippeln, trappeln, fliegen und flattern: Insekten sind faszinierende Lebewesen und spielen in der Natur eine wichtige Rolle. Bastle eine Pappsammlung süßer Krabbeltiere, die du in dein Zimmer hängen kannst.

Du brauchst

- einen Bleistift
- Pappe
- eine Schere
- Zeitungspapier
- Acryl- oder Wasserfarben und Pinsel
- bunte Marker
- Pfeifenputzer
- Schnur
- Krepppapier (optional)

1 Zeichne deine Insekten mit dem Bleistift auf die Pappe und schneide sie dann mit der Schere aus.

2 Lege deine Ausschnitte auf Zeitungspapier und male die verschiedenen Körperteile deiner Insekten bunt aus.

3 Warte, bis die Farbe ganz trocken ist, bevor du mit den Markern Muster, Punkte oder Augen auf die Körperteile malst.

4 Forme die Pfeifenputzer zu Fühlern oder Beinchen und stecke sie in die Pappe. Drücke dann mit dem Bleistift ein kleines Loch durch den Kopf von jedem Insekt.

5 Ziehe die Schnur durch
alle Löcher, um die Insekten miteinander
zu verbinden, und hänge sie auf –
deine Insektengirlande ist fertig!

Tipp!
Klebe Krepppapierstreifen
auf deine Insekten, um sie
zum Flattern und Rascheln
zu bringen.

Bau dir eine Höhle

Findest du dein Zimmer langweilig? Dann erschaffe dir deine eigene Welt, in der du die Regeln machst. Schnapp dir ein paar Stühle, Sessel, Decken, Tische und alles, was du brauchst, um dein neues Lager auszustatten. Die Höhle zusammen mit Freunden zu bauen, macht noch mehr Spaß.

Hänge eine Decke über zwei Stühle, die du mit Abstand aufgestellt hast, oder über einen Stuhl und einen Tisch. Packe schwere Bücher auf die Decken, damit sie nicht verrutschen.

Mit ein paar Kissen, Polstern und Teppichen fühlst du dich wie eine Königin oder ein König.

Nimm einen Besen, um die Decken in der Mitte deiner Höhle wie bei einem Zelt anzuheben.

Beleuchte dein Versteck mit LED-Lichterketten, falls ihr welche zu Hause habt – das sieht dann aus, als würden Glühwürmchen in deiner Höhle tanzen.

Schnapp dir Bücher, Spielzeuge und andere Lieblingssachen, die du in deiner Höhle haben möchtest, und mach es dir gemütlich.

Miniaturwelten

Schaffe dir deine eigene Welt, die du nach Lust und Laune verändern und überallhin mitnehmen kannst. Stell sie einfach auf und lass deiner Fantasie und Kreativität freien Lauf.

Du brauchst

- einen mittelgroßen Karton
- eine Schere
- Acryfarben und Pinsel
- einen Bleistift
- Dekomaterial (Kieselsteine, Zapfen Muscheln, Filz usw.)
- Spielfiguren

Tipp!

Du kannst deine Miniaturwelt auch mit deinen Steinfreunden bevölkern, die du auf Seite 8 und 9 gebastelt hast.

1 Lege den Karton auf die Seite und schneide die Seiten oben, links und rechts so ab, dass die Form entsteht, die du in Schritt 2 sehen kannst. Die lange untere Klappe sollte flach in deine Richtung liegen: Sie bildet einen Teil deiner Miniaturwelt.

2 Male einen Hintergrund in deinen Karton, den du für verschiedene Szenarien benutzen kannst – zum Beispiel einen blauen Himmel mit Wolken, einen grünen Hügel und eine Wiese.

3 Zeichne Requisiten, die du für die verschiedenen Szenarien deiner Miniaturwelt brauchen kannst (zum Beispiel Gebäude, Bäume oder Flugzeuge), auf die übrig gebliebenen Kartonstücke von Schritt 1.

4 Schneide die Formen aus und bemale sie ganz wie du magst.

5 Sammle weitere Requisiten, die dir für eine bestimmte Szene nützlich sein können. Das können Spielsachen sein, Steine, Tannenzapfen, Muscheln oder Filzformen – alles, was deine Fantasie anregt.

Sag es als Pop-up

Nichts unterstreicht eine feierliche Botschaft besser als eine selbst gebastelte Karte – vor allem, wenn sie sich als Pop-up aufklappen lässt. Bastle in nur wenigen Schritten eine Karte, an die sich der Empfänger noch lange nach dem besonderen Ereignis erinnern wird.

Du brauchst

- zwei faltbare Pappstücke in derselben Farbe (eines sollte etwas größer sein)
- eine Schere
- eine dritte, weiße Pappe
- einen Blesitift
- Filz- oder Malstifte
- einen Klebestift

1 Nimm die etwas kleinere Pappe und falte sie in der Mitte.

2 Mach mit der Schere einige Schnitte in die gefaltete Seite, so wie du es hier siehst. Das sind später die Balken, die aufklappen, wenn du die Karte öffnest, und an denen du deine Motive anbringst.

3 Zeichne die Motive, die du an die Balken kleben möchtest (das können Blumen, Tiere, Luftballons, ein Kuchen oder Schokolade sein), auf die weiße Pappe und male sie bunt aus, bevor du sie vorsichtig ausschneidest.

4 Klebe die Motive nun auf die aufgeklappten Balken in der Karte.

5 Klappe die Karte vorsichtig zu und stell dabei sicher, dass alle Motive in die Karte passen. Klebe die Pappe nun vorsichtig in die etwas größere Pappe (das ist dann die Außenseite deiner Karte). Tada: Deine Pop-up-Karte ist fertig!

Tipp!

Du kannst die Außenseite deiner Karte dekorieren, bemalen oder mit Grüßen beschriften – zum Geburtstag, als Dankeschön oder einfach nur so, weil du den Empfänger magst.

Lustige Fingerpuppen

Mit einem Blatt Papier, Filzstiften und deiner Fantasie kannst du schneller Fingerpuppen basteln, als du „Kuckuck!" sagen kannst. Tiere, Menschen, Monster oder Geister – welche Figuren brauchst du für deine Geschichte?

Du brauchst

- weißes oder buntes Papier (DIN A4)
- eine Schere
- einen Klebestift oder Klebeband
- einen Bleistift
- Filzstifte
- Dekomaterial (Glitzer, Wolle, Knöpfe usw.)

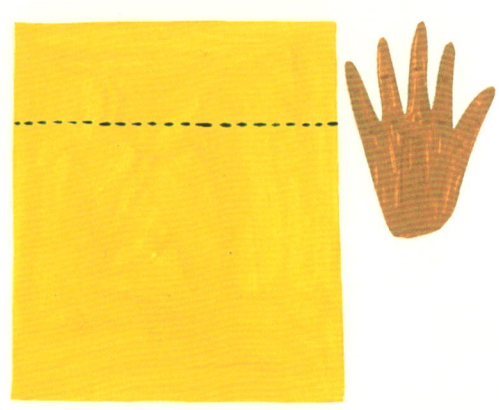

1 Schneide oben an einem Stück Papier einen Streifen ab, der etwa so breit ist, wie dein Mittelfinger lang ist.

2 Schneide diesen Streifen nun in fünf gleich große Streifen – einen für jeden Finger.

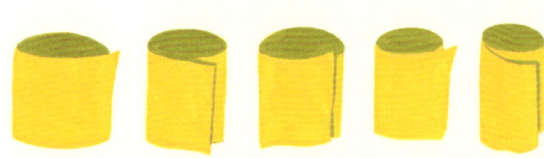

3 Rolle jeweils einen Streifen zu einer Röhre um deine Finger und fixiere die Enden mit dem Klebestift oder Klebeband.

4 Verwende dasselbe Blatt Papier oder anderes buntes Papier, um Gesichter für die Fingerpuppen zu zeichnen.

5 Wenn du mit den Gesichtern fertig bist, kannst du sie vorsichtig ausschneiden.

6 Lass nun deiner Fantasie freien Lauf: Bemale deine Fingerpuppen mit deinen Filzstiften und verwende dein Dekomaterial.

7 Klebe die Gesichter mit dem Bastelkleber auf die Röhren, die du in Schritt 1 bis 3 hergestellt hast.

Tipp!

Bastle aus dem restlichen Papier weitere Körperteile oder Gegenstände für deine Fingerpuppen – etwa Flügel für ein Huhn, einen Hut für einen Menschen oder eine Banane für einen frechen Affen.

Die Bude rocken

Du brauchst kein Schlagzeug, um auf die Pauke zu hauen –
viele verschiedene Haushaltsgegenstände lassen sich in
Schlaginstrumente verwandeln. Du brauchst nur die richtige
Rockstar-Einstellung und ein Ohr für coole Beats.

Suche verschiedene Elemente
wie leere Blumentöpfe, Kisten,
Blechdosen, Töpfe und Kochlöffel
(als Schlagstöcke) zusammen.

Unterschiedliche Größen und
verschiedene Materialien ergeben
eine größere Klangbreite.

Manche Uhrzeiten eignen sich
besser als andere für deine Show –
mach lieber eine kreative Pause,
wenn andere schlafen wollen.

Bau dein Schlagzeug
zusammen, indem du alle
Elemente vor dir platzierst.

Und jetzt lass es
mit deinem neuen
improvisierten
Instrument krachen!

Salzteigpuzzle

Stell ein Salzteigpuzzle her, das sich nicht nur zum Spielen eignet, sondern auch noch toll aussieht. Individuelle Puzzles sind außerdem hervorragende Geschenke für Freunde und Familie.

Du brauchst

- einen Bleistift
- ein Blatt Papier
- eine Schüssel
- 1 ½ Tassen Mehl
- ½ Tasse Speisestärke
- 1 Tasse Salz
- 1 Tasse Wasser
- 1 Teelöffel Pflanzenöl
- ein Nudelholz
- ein Messer
- ein Backblech und Backpapier
- Acrylfarben und Pinsel
- Gewürze oder Kakao (optional)

1 Erstelle eine Skizze deines Puzzles auf einem Blatt Papier, bevor du den Teig herstellst.

2 Mische das Mehl, die Speisestärke und das Salz in einer Schüssel, gib das Wasser hinzu und knete alles mit den Händen durch.

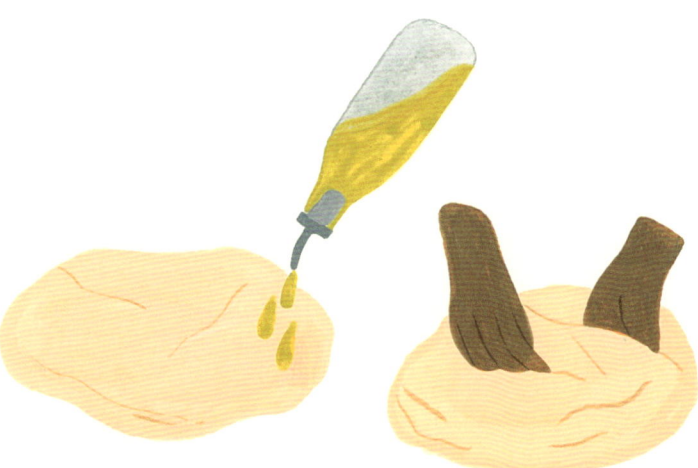

3 Füge das Öl hinzu, damit der Teig glatter wird, und knete weiter.

4 Rolle den Teig mit dem Nudelholz aus: Eine Dicke von 1 bis 2 cm eignet sich für die Formen und Figuren deines Puzzles am besten.

5 Drücke die Skizze, die du in Schritt 1 erstellt hast, mit dem Bleistift auf den ausgerollten Teig durch. Schneide dann mit dem Messer die Formen aus und lege sie auf das mit Backpapier ausgelegte Backblech.

6 Bitte einen Erwachsenen, den Ofen auf 50 Grad vorzuheizen. Sobald er heiß ist, kommt das Blech mit den Puzzleteilen für eine Stunde dort hinein. Erhöhe danach die Temperatur auf 100 Grad und lass die Puzzleteile für zwei weitere Stunden (oder bis sie hart sind) im Ofen.

7 Lass deine Puzzleteile komplett auskühlen, bevor du sie mit den Acrylfarben bemalst. Wie viele Farben kannst du wohl in deinem Puzzle unterbringen?

Tipp!

Du kannst deinen Salzteig auch färben: Füge hierfür während des Knetens in Schritt 3 Currypulver für gelben, Paprikapulver für roten oder Kakaopulver für braunen Salzteig hinzu.

Coole Roboter

Die meisten Menschen werfen Kartons weg,
wenn sie ausgepackt sind – dabei kann man alles
Mögliche mit ihnen anstellen. Du kannst sie zum
Beispiel mit einer Schere und etwas Alufolie in
ein abgefahrenes Roboterkostüm verwandeln.

Du brauchst

- zwei verschieden große Kartons
- eine Schere
- Paketband
- Alufolie
- buntes Washi-Tape
- Filzstifte und Marker (optional)

1 Schneide alle Klappen einer Öffnung
des größeren Kartons ab. Das wird der
untere Teil des Roboterkörpers, aus dem
deine Beine herausschauen.

2 Klebe die Klappen der anderen Öffnung
und die der Öffnungen des kleineren
Kartons mit dem Paketband oder dem
Malerkrepp zu.

3 Schneide ein Loch in die Oberseite
des größeren Kartons, das groß genug
für deinen Kopf ist. Schneide dann
Armlöcher in die Seiten des Kartons.

4 Schneide in eine Seite des kleinen
Kartons ein Loch, durch das du deinen
Kopf stecken kannst. Füge Augenlöcher
hinzu, damit du etwas sehen kannst.

5 Wickle beide Kartons komplett mit Alufolie ein und verwende das bunte Washi-Tape zum Festkleben. Die Alufolie über den Löchern kannst du mit der Schere einschneiden und nach innen klappen.

6 Ziehe erst den größeren Karton an und setze dann den kleineren Karton auf den Kopf.

Tipp!

Peppe deinen Roboter mit zusätzlichen Elementen auf, die du ankleben oder aufmalen kannst – zum Beispiel mit einer Antenne, Knöpfen oder einem kleinen Display.

Vögelchen, flieg!

Hast du schon mal im Park oder auf der Straße einen Vogel beim Fliegen beobachtet und dir gewünscht, das auch zu können? Wir können dir zwar nicht versprechen, dass du mit diesen Flügeln abhebst, aber toll aussehen wirst du mit ihnen auf jeden Fall.

Du brauchst

- einen Bleistift
- ein großes Stück Karton
- eine Schere
- Acrylfarben und Pinsel
- Krepppapier
- Bastelkleber
- einen Tacker
- breites Gummiband

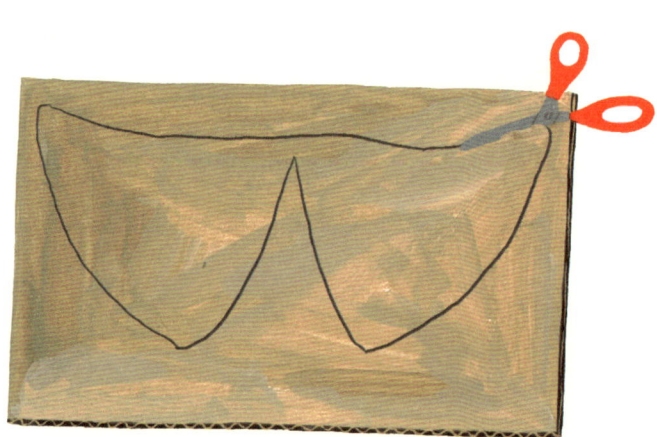

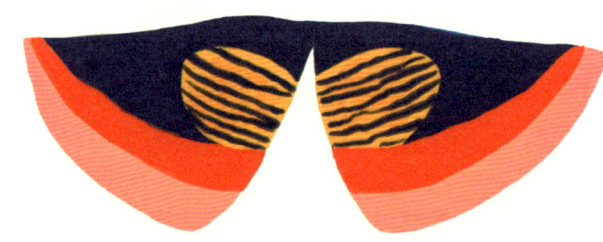

1 Zeichne die Form deiner Flügel mit einem Bleistift auf den Karton und schneide die Flügel mit der Schere aus.

2 Bemale deine Flügel mit deinen Lieblingsfarben oder einem Muster, das du von den Flügeln eines Vogels oder Schmetterlings kennst. Lass die Farben gut trocknen. Das ist die Innenseite deiner Flügel.

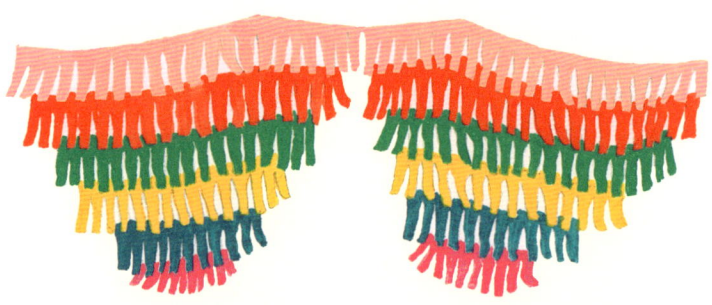

3 Schneide das Krepppapier in vier bis acht Streifen (je nachdem, wie viele Federschichten du möchtest). Sie sollten so lang wie deine Kartonflügel sein. Mach kleine Schnitte in die Streifen, damit sie rascheln, wenn du fliegst.

4 Klebe die Krepppapierfedern in überlappenden Reihen auf die unbemalte Seite der Flügel. Fang am unteren Teil der Flügel an und klebe nur den nicht eingeschnittenen Teil der Streifen fest, bis die Flügel voll mit Federn sind.

Tipp!

Lass dich inspirieren: Such dir ein fernes Land auf der Karte aus, schau nach, ob dort bunte Vögel leben, und male ihr Gefieder ab.

5 Drehe die Flügel wieder auf die bemalte Seite. Tacker an jeden Flügel eine Schlaufe aus breitem Gummiband oben und unten fest, durch die du deine Arme stecken kannst. Und jetzt flieg, Vögelchen, flieg!

Eine Kostümtruhe voller Schätze

Hast du gerade nichts zu tun? Dann tauch ab in deine Kostümtruhe und erfinde dich neu. Du kannst auch deine täglichen Pflichten aufpeppen, indem du sie verkleidet erledigst: Räum doch mal dein Zimmer mit einer Krone auf dem Kopf oder Feenflügeln auf dem Rücken auf. Räum die Spülmaschine im Tigerkostüm ein. Oder mach deine Hausaufgaben als Piratin.

Frag deine Oma nach ihren alten Kleidern, deinen Opa nach riesigen Hemden, deine Eltern nach flippigen T-Shirts, Jeans und Schuhen ... und durchforste zu Hause Schränke und Schubladen.

Finde einen Ort, an dem du alles aufbewahren kannst, etwa eine alte Truhe oder Kiste. Oder bastle dir aus einem Karton und etwas Farbe deine ganz persönliche Schatzkiste.

Du kannst auch Teile von alten Kostümen verwenden – zum Beispiel von Halloween oder Karneval – und sie für deine Looks benutzen.

Sammle alle möglichen lustigen Accessoires (zum Beispiel Halsketten, Schals, Ringe, Hüte und Brillen), um deine Kostüme noch cooler zu machen.

Mir ist langweilig!
Kinderleichte Bastelideen für drinnen

Text von Ryan Eyers
Illustriert von Rachel Victoria Hillis

Konzeption, Redaktion und Design von
Kleine Gestalten

Herausgegeben von Robert Klanten und
Maria-Elisabeth Niebius

Übersetzung aus dem Englischen von
Frederik Kugler

Design und Layout: Constanze Hein, Book Book
Schriften: Brandon Grotesque von Hannes von Döhren,
FF Prater von Henning Wagenbreth und
Steffen Sauerteig und LiebeRuth von Ulrike Rausch

Druck: Gutenberg Beuys Feindruckerei, Langenhagen
Hergestellt in Deutschland

Erschienen bei Kleine Gestalten, Berlin 2021
ISBN 978-3-96704-712-7

Die englische Ausgabe ist unter der
ISBN 978-3-96704-713-4 erhältlich.

Weitere Informationen und Buchbestellungen unter
www.kleine.gestalten.com.

Bibliografische Information der Deutschen Nationalbibliothek. Die Deutsche Nationalbibliothek verzeichnet diese Publikation in der Deutschen Nationalbibliografie; detaillierte bibliografische Daten sind im Internet über www.dnb.de abrufbar.

Dieses Buch wurde auf FSC®-zertifiziertem Papier gedruckt.

FSC
www.fsc.org

MIX
Papier aus verantwortungsvollen Quellen
FSC® C009051